SECRETOS DEL ÉXITO EN EL NEGOCIO INMOBILIARIO

"guía Completa para-Vender Inmuebles con Éxito"

W. Puentes P.

DEDICATORIA

A todos aquellos que, al igual que yo, se aventuran en la travesía de encontrar el hogar perfecto en medio de la complejidad del mercado inmobiliario,

Dedicado con gratitud, aprecio y admiración a quienes buscan y exploran el emocionante camino de las propiedades. En este viaje lleno de desafíos y descubrimientos, celebramos su dedicación para encontrar ese espacio único que llamarán hogar.

Que estas páginas sirvan como guía en su búsqueda, proporcionando insights valiosos y estrategias prácticas para navegar por el mercado actual. En un mundo donde cada ladrillo cuenta una historia, esperamos que encuentren inspiración y conocimiento para convertir cada casa en un capítulo inolvidable de sus vidas.

Con admiración por su valentía y entusiasmo,

W. Puentes P.
12/01/2024.

CONTENIDO

AGRADECIMIENTOS

Quiero expresar mi sincero agradecimiento aquellos que han sido parte fundamental tanto de la creación de este libro como del emocionante proyecto URBAN CLAW. Sus valiosas contribuciones y apoyo han sido el motor que impulsa ambos esfuerzos.

A mi esposa, Luisa Beltrán, le agradezco profundamente por su apoyo continuo no solo en la elaboración de este libro, sino también en el desarrollo de diversas iniciativas, incluido URBAN CLAW. Su visión y respaldo han sido cruciales para cada paso.

Al abogado Alexander Rivera, mi agradecimiento por su dedicación y asesoramiento. Su experiencia legal ha enriquecido tanto este libro como el proyecto URBAN CLAW, aportando una perspectiva esencial.

A los colaboradores, aliados y amigos que han compartido sus conocimientos, su apoyo ha sido invaluable. Juntos, hemos formado una red sólida que ha impulsado el éxito de estos esfuerzos.

A los lectores que exploran estas páginas y aquellos interesados en las oportunidades presentadas por URBAN CLAW, les agradezco por su interés y participación.

En resumen, agradezco a todos quienes han formado parte de estos esfuerzos. Que este libro y las oportunidades ofrecidas por URBAN CLAW sirvan como recursos valiosos en el fascinante mundo de los bienes raíces.

Con gratitud,

W. PUENTES PEÑA
12/01/2024.

1. INTRODUCCIÓN

En el universo cambiante y apasionante del negocio inmobiliario, cada propiedad cuenta una historia, y cada transacción es una oportunidad de crear un futuro excepcional. Este libro, "Secretos del Éxito en el Negocio Inmobiliario: Guía Completa para-Vender Inmuebles con Éxito", es tu brújula en este emocionante viaje.

Desde estrategias innovadoras hasta claves prácticas, exploraremos el paisaje moderno de bienes raíces. Encontrarás secretos que van más allá de las transacciones tradicionales, desbloqueando puertas hacia el éxito en un mercado que evoluciona constantemente.

Prepárate para descubrir las tácticas que distinguen a los profesionales destacados, cómo aprovechar la tecnología para destacarte y cómo convertir desafíos en oportunidades. Este libro es tu compañero esencial, guiándote a través de los secretos que te llevarán a la cima del negocio inmobiliario.

1.1 El Mundo Inmobiliario en la Actualidad

La tecnología redefine cómo exploramos, compramos y vendemos propiedades. Plataformas digitales y recorridos virtuales abren puertas antes inaccesibles, convirtiendo la información en la moneda de mayor valor en este paisaje en constante evolución.

Desafíos como Oportunidades:

Cada desafío es una oportunidad disfrazada. La capacidad de adaptarse a cambios en los espacios de trabajo y abrazar la sostenibilidad crea nuevas avenidas para los audaces exploradores de bienes raíces.

Comunidad y Colaboración:

Este viaje no se hace solo. La comunidad y la colaboración son clave. En este mundo inmobiliario, la red que construimos es tan valiosa como las propiedades que negociamos.

El Futuro Es Ahora:

Este es un llamado a la acción. Prepárate para sumergirte en las estrategias modernas, los secretos del éxito inmobiliario y las claves para navegar por el cambiante paisaje de bienes raíces. Descubre que en cada propiedad hay un mundo de oportunidades esperando.

¡Bienvenido al mundo inmobiliario del siglo XXI!

2. ESTRATEGIAS DE DESARROLLO PROFESIONAL

En el sector inmobiliario, donde la competencia es feroz y las dinámicas del mercado cambian constantemente, la clave para el éxito radica en la capacidad de adaptarse y evolucionar. Sumergirse en el mundo del desarrollo profesional en bienes raíces implica más que la mera acumulación de conocimientos; es un compromiso constante con la mejora continua, la adquisición de habilidades de vanguardia y la construcción de una marca personal distintiva. En última instancia, este capítulo no solo busca enriquecer las prácticas profesionales, sino también inspirar una mentalidad de excelencia y liderazgo en el siempre desafiante, pero igualmente gratificante, mundo del sector inmobiliario.

"Éxito no es tamaño, es capacidad para aprender, adaptarse y triunfar"

2.1 Desarrollo de Habilidades Clave

El desarrollo de habilidades clave emerge como un factor determinante para el éxito de los profesionales. Es de gran importancia el cultivar y perfeccionar habilidades específicas que no solo impulsarán la eficacia en la gestión de propiedades, sino que también diferenciarán a los agentes inmobiliarios en un mercado cada vez más competitivo. Desde la comunicación efectiva hasta la capacidad de negociación.

Educación Continua: La educación continua es la columna vertebral del desarrollo profesional. Aquí hay pasos específicos que los agentes pueden seguir:

- **Buscar Programas de Formación:** Investigar y seleccionar programas de formación relevantes que aborden áreas específicas de mejora.

- **Participar en Eventos del Sector:** Asistir a conferencias, seminarios y ferias especializadas para sumergirse en las últimas tendencias y establecer conexiones valiosas.

Dominio de Herramientas Tecnológicas: La tecnología redefine constantemente el panorama inmobiliario. Los agentes pueden:

- **Capacitarse en Plataformas Actuales:** Participar en cursos o talleres para familiarizarse y aprovechar al máximo las plataformas digitales y software de gestión.

- **Explorar Innovaciones Tecnológicas:** Mantenerse al día con las últimas innovaciones, desde realidad virtual hasta inteligencia artificial, para integrar tecnologías avanzadas en su práctica.

2.2 Construcción de Marca Personal

Marketing Personal Efectivo: La marca personal distingue a un agente del resto. Aquí se detallan pasos específicos:

- **Definir su Propuesta Única de Venta (PUV):** Identificar y articular claramente qué hace que su enfoque sea único y valioso para los clientes.

- **Crear un Sitio Web o Blog Personal:** Establecer y mantener una presencia en línea que refleje la personalidad y los logros del agente.

Gestión de Redes Sociales: Las redes sociales son vitales para la visibilidad. Se detallan acciones específicas:

- **Seleccionar Plataformas Relevantes:** Evaluar y elegir cuidadosamente las redes sociales más adecuadas según la audiencia objetivo.

- **Publicar Contenido de Calidad:** Desarrollar y mantener una estrategia de contenido que informe, entretenga y construya la confianza del público.

Estas estrategias ofrecen un enfoque holístico para el desarrollo profesional, equilibrando el perfeccionamiento de habilidades con la construcción de una marca personal fuerte.

3. PREPARACIÓN PARA LA VENTA

Este capítulo se presenta como un compendio detallado, un mapa meticuloso que guía a vendedores y agentes a través de un terreno. Desde el análisis perspicaz del mercado hasta la implementación estratégica de mejoras, cada aspecto se presenta no solo como una tarea, sino como una oportunidad para perfeccionar y destacar.

En este viaje de exploración, no solo examinaremos las etapas fundamentales de la preparación para la venta, sino que también desentrañaremos las complejidades inherentes a cada paso. Desde la meticulosa evaluación del mercado inmobiliario hasta la implementación estratégica de mejoras, este capítulo no solo se sumerge en el cómo, sino también en el por qué. Cada estrategia propuesta está imbuida de un propósito claro: asegurar que cada inmueble, al pasar por este proceso de preparación, no solo esté listo para la venta, sino que también destaque entre la multitud.

"Forjando éxitos: cada propiedad es una oportunidad bien afinada."

3.1 Análisis del Mercado Inmobiliario

Estas pautas proporcionan una base sólida para realizar un análisis rápido y efectivo del mercado inmobiliario, permitiéndote tomar decisiones informadas en un corto período de tiempo.

Panorama General del Mercado: *¿Cómo Obtener una Visión Instantánea?*

Pauta 1: Utiliza plataformas en línea para acceder a informes y estadísticas del mercado local.

Pauta 2: Presta atención a los precios medios de venta y al tiempo que las propiedades pasan en el mercado.

Enfoque Práctico en Tendencias Demográficas: *¿Qué Factores son Cruciales?*

Pauta 1: Utiliza datos demográficos de fuentes gubernamentales y en línea para identificar cambios significativos.

Pauta 2: Enfócate en grupos demográficos que puedan afectar directamente la demanda de propiedades.

Indicadores Clave de Rentabilidad: *¿Cómo Evaluar el Potencial Financiero Rápidamente?*

Pauta 1: Calcula rápidamente el rendimiento de la inversión utilizando datos de costos y proyecciones de ingresos.

Pauta 2: Considera la inflación y las tendencias económicas locales al evaluar la rentabilidad.

Datos del Último Año: *¿Cómo Utilizar la Información Más Reciente a tu Favor?*

Pauta 1: Accede a informes de ventas recientes y realiza comparaciones con propiedades similares.

Pauta 2: Presta atención a las fluctuaciones de precios y patrones de compra en el último año.

Interacción Local: *Conversando con la Comunidad y Agentes Inmobiliarios*

Pauta 1: Habla con residentes locales para entender sus percepciones sobre el mercado.

Pauta 2: Colabora con agentes inmobiliarios locales para obtener información actualizada sobre tendencias y demandas.

Tecnología al Servicio del Análisis: *Herramientas Digitales para un Diagnóstico Instantáneo*

Pauta 1: Utiliza aplicaciones y plataformas de análisis de mercado para acceder a datos en tiempo real.

Pauta 2: Integra datos digitales en tu análisis, incluyendo tasas de interés actuales y tendencias tecnológicas.

Para alguien que está dando sus primeros pasos en el mundo inmobiliario, o bien puede ser también un agente inmobiliario experimentado es crucial adoptar un enfoque flexible, integrando información pasada con datos recientes y aprendiendo de la experiencia local. La capacidad de adaptarse y aprender continuamente es clave para el éxito en este campo.

3.2 Preparación del Inmueble para la Venta

Exploremos cómo la presentación visual puede ser una herramienta poderosa en la preparación de un inmueble para la venta, incluso si este se encuentra desocupado. Desde la primera impresión hasta los detalles finos, cada aspecto visual puede influir en la decisión del comprador.

Mejoras del Curb Appeal: *¿Cómo Atraer desde el Primer Vistazo?*

- Resalta la entrada con una entrada limpia y paisajismo atractivo.
- Asegúrate de que la fachada esté bien mantenida y pinta si es necesario.
- Agrega plantas en macetas para un toque de color adicional.
- Instala luces decorativas para destacar elementos específicos durante la noche.

Etapa del Interior: *¿Cómo Crear Ambientes Acogedores y Atractivos?*

- Despersonaliza espacios para que los compradores puedan visualizarse viviendo allí.
- Asegúrate de que la iluminación sea adecuada, destacando las características clave.
- Utiliza aromas suaves y agradables para crear una atmósfera acogedora.
- Coloca muebles temporales para mostrar el potencial de cada habitación.

Fotografía y Video de Calidad: *¿Cómo Contar la Historia de la Propiedad?*

- Contrata a un fotógrafo profesional para capturar lo mejor de la propiedad.
- Considera la posibilidad de crear un tour virtual para una experiencia inmersiva.
- Destaca características únicas a través de fotografías detalladas.
- Utiliza drones para capturar vistas aéreas y la ubicación de la propiedad.

Detalles a Resaltar: *¿Cómo Hacer que Pequeños Toques Marquen la Diferencia?*

- Presta atención a pequeños detalles como accesorios y decoración.
- Asegúrate de que los espacios de almacenamiento estén ordenados y organizados.
- Coloca flores frescas o cuadros llamativos para agregar un toque de estilo.
- Utiliza elementos decorativos como almohadas o mantas para agregar calidez a habitaciones vacías.
- Incorpora arte o esculturas para añadir carácter a los espacios.

Inmuebles Desocupados: *¿Cómo Mantener el Atractivo sin Muebles?*

- Considera el alquiler de muebles temporales para resaltar el potencial de cada espacio.
- Asegúrate de que la limpieza y el mantenimiento sean impecables en áreas desocupadas.
- Coloca arte o elementos decorativos estratégicamente para dar vida a espacios vacíos.
- Utiliza cortinas o persianas para resaltar las características arquitectónicas y controlar la luz natural.

Nos enfocaremos exclusivamente en la presentación visual del inmueble, destacando la importancia de la primera impresión y proporcionando diversas opciones para realzar tanto el exterior como el interior de la propiedad.

3.3   Fijación de Precio Estratégico

La fijación del precio de un inmueble es una tarea fundamental en el proceso de venta, ya sea que seas un principiante en el mundo inmobiliario o un profesional experimentado. Aquí te presentamos los pasos clave para determinar un precio estratégico.

1. **Análisis del Mercado:**

   - **Comparativos de Mercado (CMA):** Realiza un análisis comparativo de mercado para evaluar propiedades similares en la zona. Examina precios de venta recientes, propiedades en venta y transacciones cerradas.

   - **Tendencias del Mercado:** Mantén una comprensión actualizada de las tendencias del mercado inmobiliario local y regional, considerando factores como la oferta y la demanda.

2. **Inspección de la Propiedad:**

   - **Características y Mejoras:** Evalúa las características específicas del inmueble y las mejoras realizadas. Considera la ubicación, el tamaño, las comodidades y las actualizaciones.

   - **Estado de Mantenimiento:** Observa el estado general de la propiedad, identificando posibles reparaciones o mejoras que podrían afectar el valor.

3. **Consultas con Propietarios:**

   - **Conversaciones Detalladas:** Realiza consultas detalladas con los propietarios para comprender completamente las particularidades de la propiedad y cualquier inversión significativa realizada.

   - **Expectativas del Vendedor:** Discute las expectativas del vendedor en términos de plazos de venta y el precio deseado.

4. **Estudio de Competencia:**

- **Análisis Comparativo con Propiedades Similares:** Investiga propiedades comparables en la zona para entender cómo la propiedad se posiciona en relación con la competencia.

- **Diferenciadores Únicos:** Identifica características únicas o diferenciadores que podrían influir positivamente en el precio.

5. **Consideración de Factores Externos:**

- **Condiciones Económicas y del Mercado:** Evalúa las condiciones económicas generales y del mercado que podrían afectar la fijación de precios.

- **Tendencias de Demanda:** Comprende las tendencias actuales de la demanda y cómo podrían afectar la disposición de los compradores a pagar ciertos precios.

6. **Presentación de Resultados:**

- **Informe Detallado:** Presenta un informe detallado que respalde la recomendación de precio, destacando datos comparativos, características clave y estrategias de posicionamiento.

- **Retroalimentación Continua:** Mantén una comunicación continua, ajustando estrategias según la retroalimentación del mercado y las respuestas de los posibles compradores.

seguir estos pasos te proporcionará una base sólida para fijar precios estratégicos y facilitar una venta exitosa. La fijación de precios es un arte que combina el análisis de datos con la comprensión intuitiva del mercado.

"Cada detalle cuenta; la preparación es la clave para convertir oportunidades en realidades."

4. ESTRATEGIAS DE MARKETING EFECTIVAS

En el fascinante universo inmobiliario, nos adentraremos en un viaje emocionante para descubrir las estrategias de marketing que dan vida a cada propiedad. Este capítulo no solo se sumerge en las maravillas de la exposición digital, donde las propiedades cobran vida a través de plataformas virtuales, sino que también explora tácticas arraigadas en la tradición, demostrando su eficacia a lo largo del tiempo. Desde el despliegue digital hasta métodos tradicionales probados, desentrañaremos cómo estas herramientas esenciales pueden elevar cada inmueble al estrellato. Este capítulo es una guía que revela cómo convertir estrategias en victorias, asegurando que cada propiedad destaque y conquiste su lugar en el mercado, fusionando lo mejor de la innovación moderna con las tácticas que han resistido la prueba del tiempo.

"Estrategias poderosas, propiedades imparables."

4.1 Uso de Plataformas Online

"Maximizando la Exposición Digital"

En la era digital, el uso efectivo de plataformas online es esencial para llegar a un público más amplio y captar la atención de posibles compradores. Exploraremos cómo aprovechar al máximo estas herramientas digitales en tu estrategia de marketing inmobiliario.

Selección de Plataformas Adecuadas: *¿Dónde Está tu Audiencia?*

- Investiga y selecciona plataformas online populares y relevantes para el mercado inmobiliario. Ejemplos incluyen portales de bienes raíces, redes sociales y sitios especializados.
- Adaptación a la Audiencia: Ajusta el contenido y la presentación según la audiencia específica de cada plataforma. Lo que funciona en una red social puede no ser efectivo en un portal inmobiliario.

Creación de Contenido Atractivo: *¿Cómo Destacar en un Mar de Información?*

- Utiliza fotografías de alta calidad que destaquen las características clave de la propiedad.
- Crea descripciones atractivas y persuasivas que destaquen los puntos fuertes y beneficios de la propiedad.
- Considera la posibilidad de utilizar videos o recorridos virtuales para proporcionar experiencias inmersivas.
- Incluye testimonios de clientes anteriores para respaldar la calidad de tu servicio.

Uso Estratégico de Redes Sociales: *¿Cómo Generar Interacción?*

- Publica regularmente en plataformas como Facebook, Instagram o LinkedIn para mantener la presencia online.
- Utiliza anuncios pagados de manera estratégica para llegar a audiencias específicas.
- Fomenta la participación con publicaciones interactivas, encuestas o preguntas a la audiencia.
- Colabora con influencers locales o expertos en bienes raíces para amplificar tu alcance.

Optimización para Motores de Búsqueda (SEO): *¿Cómo Aumentar la Visibilidad?*

- Utiliza palabras clave relevantes en descripciones y títulos para mejorar la visibilidad en motores de búsqueda.
- Actualiza la información constantemente para mostrar que la propiedad está activa y disponible.
- Colabora con expertos en SEO si es necesario para mejorar la optimización.
- Crea contenido relevante en un blog inmobiliario para mejorar la autoridad del sitio.

Respuestas Rápidas y Seguimiento: *¿Cómo Gestionar las Interacciones?*

- Responde rápidamente a consultas y comentarios en las plataformas online para mantener la atención del usuario.
- Establece un sistema de seguimiento para las consultas, brindando información adicional y programando visitas cuando sea necesario.
- Solicita y destaca testimonios positivos de clientes anteriores para construir confianza online.
- Ofrece contenido exclusivo o promociones a seguidores en redes sociales para fomentar la lealtad.

Publicidad Online Segmentada: *¿Cómo Llegar a tu Público Objetivo?*

- Utiliza herramientas de publicidad online para segmentar audiencias específicas según criterios como ubicación, edad o intereses.
- Diseña anuncios llamativos y persuasivos que destaquen los aspectos únicos de la propiedad.
- Realiza un seguimiento de las métricas de publicidad para ajustar estrategias según el rendimiento.

Desde la selección adecuada de plataformas hasta la creación de contenido atractivo, el seguimiento de interacciones y la publicidad online, estas estrategias te ayudarán a maximizar la exposición digital y atraer a posibles compradores. ¡Prepárate para destacar en el vasto mundo online del mercado inmobiliario!

4.2 Marketing Offline

"Offline, el arte de dejar huella."

Aunque vivimos en una era digital, el marketing offline sigue desempeñando un papel crucial para llegar a audiencias específicas y establecer una presencia palpable en el mercado. Exploraremos estrategias tradicionales que siguen siendo efectivas en el mundo inmobiliario.

Publicidad Impresa: *¿Cómo Dejar una Huella Tangible?*

- **Folletos y Volantes:** Diseña materiales impresos atractivos y informativos que destaquen las propiedades en venta.
- **Anuncios en Periódicos Locales:** Colabora con periódicos locales para publicar anuncios que lleguen a la comunidad.

- **Cartelería Estratégica:** Utiliza vallas publicitarias estratégicamente ubicadas para aumentar la visibilidad.

Eventos y Networking: *¿Cómo Conectar Cara a Cara?*

- **Participación en Ferias Inmobiliarias:** Establece un stand en ferias inmobiliarias locales para interactuar directamente con posibles compradores.
- **Eventos de Networking:** Asiste a eventos locales para establecer conexiones con otros profesionales y posibles compradores.
- **Seminarios y Charlas:** Organiza charlas informativas sobre el mercado inmobiliario en la comunidad.

Marketing Directo: *¿Cómo Llegar Directamente a tu Audiencia?*

- **Correo Directo:** Envía cartas de presentación y material promocional directamente a buzones locales.
- **Llamadas Telefónicas Personalizadas:** Realiza llamadas personalizadas a posibles clientes, destacando propiedades relevantes.
- **Visitas Puerta a Puerta:** Explora el enfoque tradicional de visitar vecindarios para ofrecer información sobre propiedades en venta.

Publicidad en Vehículos: *¿Cómo Mover tu Marca por la Ciudad?*

- **Rotulación de Vehículos:** Coloca letreros magnéticos o adhesivos en tu vehículo con información sobre propiedades en venta.
- **Publicidad en Transporte Público:** Explora oportunidades para publicitar en autobuses o estaciones de tren locales.

Colaboraciones Locales: ¿Cómo Convertirte en una Presencia en la Comunidad?

- **Colaboración con Empresas Locales:** Establece asociaciones con empresas locales para promover propiedades entre sus clientes.
- **Patrocinios de Eventos Comunitarios:** Patrocina eventos locales para aumentar la visibilidad de tu marca en la comunidad.

En resumen, el marketing offline sigue siendo una herramienta valiosa para llegar a audiencias específicas y establecer una presencia física en el mercado. Combina estrategias offline y online para crear una campaña de marketing integral y efectiva. Estrategias Tradicionales que Siguen Siendo Efectivas.

4.3 Fotografía y video de Calidad y Descripciones Atractivas

"Detalles visuales que sellan tratos."

En el mundo inmobiliario contemporáneo, la presentación visual es una herramienta esencial para captar la atención de posibles compradores. Más allá de simples imágenes, la combinación de fotografías profesionales, videos cautivadores y descripciones ricas en detalles forma una narrativa visual que resalta las propiedades de manera efectiva.

Fotografía Profesional: Elevando la Estética Visual

La contratación de fotógrafos especializados en bienes raíces se ha convertido en un estándar para presentar propiedades de manera atractiva. Las imágenes de alta calidad, capturando los detalles más finos y resaltando la esencia única de cada propiedad, se convierten en una ventana visual para los compradores.

Perspectivas Atractivas: Invitando a la Imaginación

Las fotografías no solo deben ser una representación visual precisa, sino también una invitación a imaginar la vida en ese espacio. Capturar diversas perspectivas, tanto interiores como exteriores, ofrece a los compradores una visión holística y les permite visualizar su futuro en ese entorno.

Multimedia: La Potencia de los Videos y Recorridos Virtuales

En la era digital, los videos y los recorridos virtuales han surgido como herramientas poderosas. Los videos de propiedad, breves pero impactantes, permiten a los compradores sumergirse en la atmósfera de la propiedad. Los recorridos virtuales 3D llevan la experiencia un paso más allá, permitiendo una exploración minuciosa desde la comodidad del hogar del comprador.

Descripciones Persuasivas: Contando la Historia de la Propiedad

Ir más allá de los datos básicos es crucial al describir una propiedad. Las descripciones deben ser narrativas persuasivas que pinten un cuadro vívido del estilo de vida que la propiedad puede ofrecer. Detalles sobre la ubicación, servicios cercanos y beneficios adicionales enriquecen la historia que se cuenta.

Testimonios Visuales: Demostrando la Satisfacción del Cliente

Las imágenes de clientes satisfechos disfrutando de su nuevo hogar añaden autenticidad y construyen la confianza del comprador. Este testimonio visual muestra no solo la calidad de tus servicios, sino también la felicidad que proporciona tu asesoramiento inmobiliario.

utilizando no solo imágenes de calidad, sino también videos cautivadores y recorridos virtuales. La combinación de estos elementos crea una experiencia envolvente que no solo muestra propiedades, sino que también vende estilos de vida.

4.4 Email Marketing Efectivo

"Palabras cortas, resultados grandes. Inspira acción con cada clic."

El Email Marketing ha evolucionado como una herramienta poderosa en el arsenal del profesional inmobiliario. Este método estratégico va más allá de enviar correos electrónicos masivos; implica la creación de campañas personalizadas que llegan directamente a la bandeja de entrada de los clientes potenciales.

- **Segmentación de Audiencia:** El primer paso para un Email Marketing efectivo es la segmentación de la audiencia. Dividir tu lista de contactos en grupos específicos según criterios como ubicación, preferencias y comportamientos previos te permite enviar mensajes más personalizados y relevantes.

- **Contenido Persuasivo:** El contenido del correo electrónico debe ser cautivador y persuasivo. Incluye detalles atractivos sobre propiedades destacadas, consejos de expertos sobre el mercado inmobiliario y cualquier actualización relevante que pueda captar la atención del destinatario.

- **Diseño Atractivo y Responsivo:** Asegúrate de que tus correos electrónicos tengan un diseño atractivo y sean completamente responsivos. La mayoría de las personas revisan sus correos electrónicos desde dispositivos móviles, por lo que es crucial que tus mensajes se vean bien en todas las plataformas.

- **Llamadas a la Acción Claras:** Incluye llamadas a la acción claras y directas que guíen al destinatario hacia el siguiente paso. Pueden ser enlaces a listados de propiedades, formularios de contacto o invitaciones a eventos virtuales.

- **Automatización Inteligente:** Utiliza la automatización para enviar mensajes en momentos estratégicos. Por ejemplo, puedes configurar correos electrónicos de seguimiento después de que alguien haya mostrado interés en una propiedad específica o después de un evento virtual.

- **Análisis y Mejora Continua:** Rastrea las métricas de tus campañas de Email Marketing, como tasas de apertura y clics. Este análisis te proporcionará información valiosa sobre lo que funciona y lo que no, permitiéndote ajustar y mejorar continuamente tus estrategias.

En el moderno mundo del Email Marketing, la brevedad es la clave. Cada palabra cuenta, cada línea tiene un propósito. Veamos cómo un correo puede ser corto pero impactante, una herramienta efectiva para cautivar a tu audiencia y llevar tu mensaje de manera directa y convincente:

"

Asunto: *¡Descubre tu Nuevo Hogar con Ofertas Exclusivas!* 🏠 🏃

¡Hola [Nombre]!

¿Estás listo para dar el siguiente paso hacia tu nuevo hogar? En [Tu Empresa Inmobiliaria], queremos hacerte la búsqueda más emocionante y sin complicaciones. Echa un vistazo a nuestras ofertas exclusivas y encuentra la propiedad que se adapte a tu estilo de vida:

🏠 **Propiedades Destacadas:**
Descubre las joyas ocultas del mercado inmobiliario. Desde apartamentos modernos hasta casas con encanto, hemos seleccionado las mejores opciones pensando en ti.

🧧 Ofertas Especiales:
Como agradecimiento por ser parte de nuestra comunidad, te ofrecemos ofertas especiales. ¡Aprovecha descuentos exclusivos y beneficios adicionales al elegir tu próximo hogar con nosotros!

🔍 Búsqueda Personalizada:
Queremos conocerte mejor. Responde a unas preguntas rápidas y personalizaremos tu búsqueda para mostrarte propiedades que se ajusten a tus necesidades específicas.

[Enlace a Cuestionario Personalizado]

🎓 Seminarios Web Educativos:
Únete a nuestros seminarios web para obtener consejos prácticos sobre la compra de viviendas, tendencias del mercado y más. La información que necesitas, directamente en tu pantalla.

¿Tienes alguna pregunta o necesitas más detalles? Estamos aquí para ayudarte en cada paso del camino. Responde a este correo si deseas más información o programar una visita.

¡El hogar de tus sueños está más cerca de lo que piensas! 🏡 🎉

Saludos,
[Tu Nombre]
[Tu Empresa Inmobiliaria]
[Tu Número de Teléfono]
[Tu Dirección de Correo Electrónico]
"

El Email Marketing bien ejecutado puede ser una herramienta poderosa para nutrir relaciones con clientes potenciales y mantener tu marca en la mente de aquellos que buscan activamente en el mercado inmobiliario.

5. HERRAMIENTAS Y TRUCOS PARA CERRAR VENTAS

En este cautivador capítulo, nos embarcaremos en una profunda exploración de las herramientas y estrategias fundamentales que constituyen el arte del cierre de ventas en el dinámico mundo inmobiliario. Desde técnicas de negociación persuasivas hasta el cuidadoso seguimiento post-cierre, cada elemento se desvelará como una pieza crucial en el rompecabezas del éxito. Este viaje te sumergirá en el fascinante universo del cierre de ventas, ofreciendo una mirada detallada a las tácticas que garantizan acuerdos beneficiosos y la construcción de relaciones sólidas. Prepárate para perfeccionar tus habilidades y destacar en el arte del cierre de ventas, donde cada estrategia y herramienta se convierten en un instrumento valioso en tu camino hacia el éxito inmobiliario

"Convierte cada truco en una llave para abrir las puertas de oportunidad en el mercado."

5.1 Negociación Efectiva

"Es la maestría en el Arte de Convencer"

En el contexto específico de la venta de inmuebles, la negociación efectiva se convierte en un elemento fundamental para cerrar tratos exitosos. Más allá de simplemente aplicar técnicas, es un proceso que implica comprender las aspiraciones y necesidades de los clientes en el ámbito inmobiliario. Sumérgete en la maestría de la negociación, explorando estrategias específicas que te permitirán guiar a tus clientes hacia decisiones positivas y cerrar acuerdos beneficiosos.

Comprender las Metas Inmobiliarias

Antes de adentrarse en la mesa de negociación, es esencial tener una comprensión clara de las metas inmobiliarias de tus clientes, pregúntate:

¿Buscan una vivienda familiar, una propiedad de inversión o un espacio comercial?

Al conocer sus objetivos, puedes adaptar tu enfoque y presentar propuestas que se alineen perfectamente con sus necesidades específicas en el mercado inmobiliario.

Escuchar las Preferencias del Hogar

En la venta de propiedades, la escucha activa es clave. Más allá de los metros cuadrados y las características físicas, es crucial entender las preferencias personales de los clientes; Mientras escuchas plantéate estas preguntas:

- *¿Qué estilo de hogar están buscando?*
- *¿Cuáles son las comodidades esenciales?*
- *¿Qué Importante son los servicios esenciales cercanos?*
- *¿Es esencial la disponibilidad de áreas verdes?*

Al sintonizar con estas preferencias, puedes presentar propiedades que no solo cumplen con sus criterios, sino que también conectan emocionalmente.

Crear Ofertas que Satisfagan a Ambas Partes

Una venta exitosa no debería ser solo un beneficio para el vendedor. Busca soluciones que satisfagan tanto a los compradores como a los vendedores, creando un escenario en el que ambas partes se sientan ganadoras. Esta mentalidad no solo fortalece la negociación actual, sino que también establece la base para futuras transacciones y referencias positivas.

Abordar Preocupaciones Inmobiliarias con Claridad

Las objeciones en el ámbito inmobiliario pueden ser diversas, desde preocupaciones sobre la ubicación hasta detalles contractuales. Abórdalas con claridad, proporcionando información detallada y soluciones que disipen cualquier duda. Una comprensión profunda de las preocupaciones de los clientes construirá confianza y facilitará el cierre de la venta.

Cierre con Seguridad y Transparencia:

El momento del cierre es crucial en la venta de inmuebles. Asegurase de que tus clientes comprendan completamente los términos del acuerdo, desde el precio hasta los plazos y condiciones. Utiliza un lenguaje claro y transparente, transmitiendo confianza en cada detalle del proceso de compra.

Cultivar Relaciones a Largo Plazo en el Sector Inmobiliario:

La verdadera maestría en la negociación inmobiliaria va más allá de un solo trato. Cultiva relaciones a largo plazo, mostrando un compromiso continuo con el éxito de tus clientes en el ámbito inmobiliario. Al construir una reputación basada en la confianza y el servicio excepcional, garantizas no solo clientes recurrentes, sino también valiosas referencias en la industria.

En este viaje específico de negociación efectiva en la venta de inmuebles, estas estrategias se aplican de manera única en el dinámico mercado inmobiliario. La maestría en el arte de convencer no solo significa cerrar tratos, sino también construir un camino hacia el éxito sostenible en la industria de bienes raíces. ¡Prepárate para destacar en la negociación inmobiliaria y forjar relaciones comerciales significativas!

5.2 Manejo de Objeciones

"Navegando por Desafíos para el Éxito"

La habilidad para manejar objeciones de manera efectiva es una destreza invaluable en el proceso de venta de inmuebles. Aquí, exploraremos estrategias prácticas para abordar las preocupaciones de los clientes con empatía y persuasión. Acompañado de un listado de posibles objeciones en el mercado inmobiliario, este segmento te preparará para superar desafíos y avanzar hacia el cierre exitoso de la venta.

Comprendiendo las Objeciones Comunes:

Antes de abordar las objeciones, es esencial anticipar y comprender las preocupaciones que los clientes pueden plantear durante el proceso de compra de una propiedad. Aquí tienes un listado de 10 objeciones comunes en el mercado inmobiliario:

1. **Precio Elevado:**

   - *"Creo que el precio es demasiado alto para mi presupuesto."*

2. **Ubicación No Conveniente:**

   - *"La ubicación no es ideal para nuestras necesidades."*

3. **Condiciones de la Propiedad:**

   - *"Estoy preocupado por el estado de la propiedad y posibles reparaciones."*

4. **Negociación de Precio:**

   - *"¿Hay margen para negociar el precio?"*

5. **Competencia del Mercado:**

   - *"Quisiera explorar otras opciones antes de tomar una decisión."*

6. **Financiamiento y Hipoteca:**

   - *"Estoy preocupado por la aprobación del financiamiento hipotecario."*

7. **Tiempo de Mudanza:**

   - *"El tiempo de mudanza es demasiado rápido/lento para nuestras necesidades."*

8. **Dudas sobre Documentación:**

   - *"Necesitamos más información/documentación antes de tomar una decisión."*

9. **Incertidumbre sobre Vecindario:**

   - *"No estamos seguros acerca de la seguridad y*

ambiente del vecindario."

10. Cambios en Circunstancias Personales:

- *"Han surgido cambios en nuestras circunstancias personales que podrían afectar la compra."*

Estrategias para el Manejo de Objeciones:

1. **Empatía y Validación:**

   - *Inicia mostrando comprensión hacia la objeción del cliente, validando sus preocupaciones antes de ofrecer soluciones.*

2. **Comunicación Clara y Transparente:**

   - *Proporciona información detallada y transparente para abordar las preocupaciones específicas, ofreciendo claridad en cada aspecto.*

3. **Resalta Beneficios Clave:**

   - *Enfócate en los aspectos positivos de la propiedad que superan las objeciones, resaltando beneficios clave que puedan ser pasados por alto.*

4. **Ofrece Soluciones Personalizadas:**

   - *Proporciona soluciones adaptadas a las necesidades y deseos del cliente, demostrando flexibilidad en el proceso de compra.*

5. **Manejo Proactivo:**

   - *Anticipa posibles objeciones durante la presentación inicial, abordándolas proactivamente antes de que se conviertan en obstáculos significativos.*

Ejemplo Práctico:

✓ *"Imaginemos que un cliente expresa preocupación sobre el precio elevado de la propiedad. En este caso, podrías responder con empatía, reconociendo su inquietud y luego destacando las características únicas y mejoras recientes que justifican el valor añadido. Ofrece la posibilidad de discutir términos de pago flexibles o explora opciones de financiamiento, estas pueden ser parte de tu estrategia para superar esta objeción particular".*

El manejo efectivo de objeciones no solo disipa preocupaciones, sino que también fortalece la confianza del cliente en el proceso de compra. Con estas estrategias y un entendimiento profundo de las objeciones comunes, estarás mejor equipado para guiar a los clientes hacia decisiones positivas y cerrar con éxito las ventas de inmuebles.

5.3   Documentación y Formalidades

"Garantizando Transacciones Transparentes"

En el contexto de la venta de inmuebles, la atención cuidadosa a la documentación y formalidades es esencial para facilitar una transacción sin inconvenientes. Este segmento se centra en la importancia de manejar diligentemente los aspectos legales y administrativos, asegurando que todas las partes involucradas estén respaldadas por documentos precisos y procesos legales adecuados.

Aspectos Cruciales en Documentación y Formalidades:

1. Contrato de Compraventa:

- *La redacción clara y precisa del contrato de compraventa establece los términos y condiciones fundamentales de la transacción.*

2. Certificados y Permisos:

- *La verificación y obtención de certificados y permisos pertinentes garantizan la conformidad legal de la propiedad.*

3. Historial de Propiedad y Deudas:

- *La revelación completa del historial de propiedad, incluyendo deudas y cargas, promueve la transparencia y reduce riesgos potenciales.*

4. Inspecciones y Evaluaciones:

- *La realización de inspecciones y evaluaciones contribuye a garantizar que la propiedad cumple con los estándares y expectativas.*

5. Trámites Notariales:

- *La participación de un notario valida la autenticidad de los documentos y asegura la legitimidad de la transacción.*

Estrategias para una Gestión Eficiente:

1. Profesionalismo y Transparencia:

- *Mantener un enfoque profesional y transparente en todas las interacciones fortalece la confianza entre las partes.*

2. Asesoría Legal:

- *Buscar asesoría legal especializada asegura que la documentación cumpla con las normativas legales y evita posibles problemas.*

3. Seguimiento Riguroso:

- *Implementar un seguimiento meticuloso del proceso documental garantiza que cada paso se complete de manera oportuna.*

4. Comunicación Clara:

- *La comunicación clara y regular con todas las partes involucradas minimiza malentendidos y facilita la resolución de problemas potenciales.*

5. Preparación Anticipada:

- *Anticiparse a posibles obstáculos y preparar la documentación con antelación contribuye a la eficiencia del proceso.*

El manejo de la documentación y formalidades en la venta de inmuebles es un componente crítico para lograr transacciones exitosas. Al abordar estos aspectos con diligencia y cumplir con estándares legales, se establece una base sólida para transacciones transparentes y exitosas.

6. ERRORES COMUNES A EVITAR

En el intrincado proceso de venta de inmuebles, la anticipación y el aprendizaje de desafíos específicos desde la presentación inicial hasta la formalización de la transacción son esenciales. Este capítulo ofrece una visión integral de los posibles obstáculos, proporcionando valiosos consejos para evitarlos y asegurar una experiencia positiva en el mercado inmobiliario. En este complejo mundo de la venta de propiedades, la evitación de errores comunes es clave para lograr resultados exitosos, sumergiéndose en la identificación de desafíos típicos y proporcionando perspicacia sobre cómo evitar trampas que podrían afectar negativamente la transacción. Desde la presentación inicial hasta la formalización de la venta, este segmento brinda una visión holística de las áreas críticas que requieren atención para lograr un cierre exitoso y una experiencia positiva.

"Cada error es una oportunidad para crecer. Aprende de ellos y construye tu camino hacia el triunfo."

6.1 Fallos en la Presentación del Inmueble

"Refinando la Primera Impresión"

La presentación del inmueble es una pieza fundamental en el proceso de venta, y evitar ciertos fallos es esencial para captar el interés de los posibles compradores. Aquí, se exploran diez fallos comunes que podrían afectar negativamente la presentación de la propiedad, junto con estrategias para abordarlos:

1. **Mantenimiento Descuidado:**

   - ***Fallo:*** *La falta de mantenimiento evidente, como techos con goteras o pintura descascarada, puede dar una impresión negativa desde el principio.*

2. **Desorden Excesivo:**

   - ***Fallo:*** *Un exceso de desorden personal o muebles puede hacer que los espacios parezcan más pequeños y desorganizados.*

3. **Iluminación Inadecuada:**

   - ***Fallo:*** *Ambientes oscuros pueden hacer que la propiedad parezca menos acogedora y atractiva.*

4. **Falta de Enfoque en Características Clave:**

   - ***Fallo:*** *No destacar características únicas o puntos fuertes de la propiedad puede pasar por alto aspectos valiosos.*

5. **Decoración Personal Exagerada:**

   - ***Fallo:*** *Una decoración personal exagerada puede dificultar que los compradores se imaginen a sí mismos en el espacio.*

6. **Falta de Organización en Espacios:**

   - ***Fallo:*** *Espacios desorganizados pueden dar la impresión de falta de cuidado y afectar la percepción general.*

7. **Falta de Limpieza Profunda:**

   - ***Fallo:*** *La falta de una limpieza profunda puede afectar la frescura y limpieza percibida de la propiedad.*

8. **Ausencia de Información Detallada:**

   - ***Fallo:*** *La falta de información detallada sobre la propiedad puede generar dudas y desconfianza.*

9. **Estilo Desactualizado:**

   - ***Fallo:*** *Un estilo desactualizado puede hacer que la propiedad parezca obsoleta y menos atractiva.*

10. **Falta de Aromas Agradables:**

    - ***Fallo:*** *Olores desagradables pueden afectar negativamente la experiencia del comprador y su impresión de la propiedad.*

Estrategias para Abordar los Fallos:

Abordar estos fallos de presentación con estrategias efectivas contribuirá a mejorar la impresión general de la propiedad y aumentar las posibilidades de una transacción exitosa:

1. **Priorizar Mantenimiento:**

   - ***Estrategia:*** *Realizar reparaciones y mejoras antes de mostrar la propiedad para asegurar una presentación impecable.*

2. **Enfoque Minimalista:**

- ***Estrategia:*** *Adoptar un enfoque minimalista, eliminando objetos no esenciales, para crear una sensación de amplitud y orden.*

3. **Maximizar Iluminación Natural:**

- ***Estrategia:*** *Maximizar la iluminación natural y utilizar iluminación artificial estratégica para resaltar los espacios.*

4. **Identificación y Resaltado de Características Clave:**

- ***Estrategia:*** *Identificar y resaltar características clave durante la presentación para destacar el valor de la propiedad.*

5. **Estilización Neutra:**

- ***Estrategia:*** *Optar por una estilización neutra y universal que permita a los compradores visualizarse fácilmente en el entorno.*

6. **Organización y Limpieza Detallada:**

- ***Estrategia:*** *Organizar y limpiar cada espacio, haciendo hincapié en la funcionalidad y presentación ordenada.*

7. **Limpieza Exhaustiva:**

- ***Estrategia:*** *Realizar una limpieza exhaustiva antes de cualquier presentación para garantizar un ambiente impecable.*

8. **Proporcionar Información Completa:**

- ***Estrategia:*** *Proporcionar información completa sobre aspectos como historial de mantenimiento, mejoras realizadas y datos relevantes.*

9. **Actualizaciones Estéticas:**

- ***Estrategia:*** *Realizar actualizaciones estéticas según sea necesario para mantener la apariencia moderna y relevante.*

10. **Asegurar Aromas Agradables:**

- ***Estrategia:*** *Asegurarse de que la propiedad huela fresca y agradable, utilizando ambientadores sutiles o la ventilación adecuada.*

En resumen, evitar fallos en la presentación del inmueble requiere una atención minuciosa a los detalles y una estrategia consciente para resaltar los aspectos positivos de la propiedad. Este enfoque refinado contribuye significativamente a mantener el interés de los posibles compradores y allana el camino hacia una transacción exitosa.

6.2 Errores en la Comunicación con los Clientes

"Construyendo Relaciones Positivas"

En el intrincado proceso de venta de inmuebles, la comunicación efectiva con los clientes se revela como un aspecto central que puede influir significativamente en el éxito de la transacción. Evitar errores comunes en la comunicación es esencial para establecer y mantener relaciones positivas que fomenten la confianza y la colaboración. Aquí, exploraremos los desafíos en la comunicación y cómo superarlos para construir una interacción fructífera.

1. **Falta de Transparencia:**

   - *Descripción:* No proporcionar información completa y clara sobre la propiedad o el proceso de venta.

   - *Impacto:* Genera desconfianza y puede llevar a malentendidos.

2. **Respuestas Tardías o Incompletas:**

   - *Descripción:* No responder de manera oportuna a las consultas del cliente o proporcionar información incompleta.

   - *Impacto:* Puede crear frustración y percibirse como falta de profesionalismo.

3. **Uso de Términos Técnicos sin Explicación:**

   - *Descripción:* Utilizar jerga inmobiliaria sin asegurarse de que el cliente comprenda su significado.

   - *Impacto:* Crea barreras en la comunicación y puede hacer que el cliente se sienta alienado.

4. **Falta de Empatía:**

   - *Descripción:* No mostrar comprensión hacia las necesidades y preocupaciones del cliente.

   - *Impacto:* Compromete la conexión emocional y puede afectar la percepción del servicio.

5. **No Gestionar Expectativas:**

   - *Descripción:* No establecer expectativas realistas desde el principio y no gestionarlas a lo largo del proceso.

   - *Impacto:* Puede conducir a malentendidos y decepciones por parte del cliente.

6. Ignorar Retroalimentación:

- *Descripción:* Pasar por alto o no abordar activamente la retroalimentación del cliente.
- *Impacto:* Contribuye a malentendidos y afecta la calidad de la relación.

7. Comunicación Excesiva o Insuficiente:

- *Descripción:* Sobrecargar al cliente con información innecesaria o proporcionar detalles insuficientes.
- *Impacto:* Desbalancea la comunicación y puede abrumar o dejar insatisfecho al cliente.

8. No Adaptarse al Estilo de Comunicación del Cliente:

- *Descripción:* No ajustar la comunicación según el estilo preferido del cliente.
- *Impacto:* Puede resultar en una falta de conexión y comprensión mutua.

9. No Reconocer Errores:

- *Descripción:* No admitir ni corregir errores cometidos en la comunicación.
- *Impacto:* Puede dañar la confianza y la percepción de profesionalismo.

10. No Personalizar la Comunicación:

- *Descripción:* Utilizar un enfoque genérico en lugar de personalizar la comunicación según las necesidades individuales del cliente.
- *Impacto:* Puede hacer que el cliente se sienta no valorado o no comprendido.

Estrategias para una Comunicación Efectiva

1. **Transparencia Clara y Completa:**

   - *Estrategia:* Proporcionar información completa y clara sobre la propiedad y el proceso de venta, creando una base sólida para la confianza mutua.

2. **Respuestas Rápidas y Detalladas:**

   - *Estrategia:* Priorizar respuestas rápidas y detalladas a consultas, demostrando compromiso y manteniendo a los clientes informados de manera oportuna.

3. **Jerga Acompañada de Explicaciones:**

   - *Estrategia:* Utilizar términos técnicos con moderación y proporcionar explicaciones claras para garantizar la comprensión total del cliente.

4. **Demostrar Empatía Activa:**

   - *Estrategia:* Mostrar comprensión y empatía hacia las necesidades y preocupaciones del cliente, construyendo una conexión emocional más sólida.

5. **Establecer y Gestionar Expectativas:**

   - *Estrategia:* Establecer expectativas realistas desde el principio y gestionarlas a lo largo del proceso, evitando malentendidos y decepciones.

6. **Valorar y Responder a la Retroalimentación:**

   - *Estrategia:* Valorar la retroalimentación del cliente, abordar cualquier inquietud y utilizarla para mejorar la calidad del servicio.

7. Comunicación Equilibrada:

- *Estrategia:* Mantener una comunicación equilibrada, proporcionando información relevante sin abrumar y ajustándose a las necesidades individuales del cliente.

8. Adaptarse al Estilo de Comunicación del Cliente:

- *Estrategia:* Ajustar la comunicación según el estilo preferido del cliente, facilitando una interacción más efectiva y cómoda.

9. Reconocer y Corregir Errores:

- *Estrategia:* Admitir y corregir activamente cualquier error en la comunicación, fortaleciendo la confianza y demostrando profesionalismo.

10. Personalizar la Comunicación:

- *Estrategia:* Adoptar un enfoque personalizado según las necesidades individuales del cliente, mostrando aprecio y comprensión por su situación única.

Reconocer y evitar estos errores en la comunicación es esencial para construir relaciones sólidas y positivas durante el proceso de venta de inmuebles. La adaptabilidad, la empatía y la transparencia son clave para superar estos desafíos y proporcionar una experiencia de venta exitosa.

6.3 Problemas Legales y Administrativos

"Navegando por Aguas Legales con Éxito"

La venta de inmuebles involucra una interacción compleja de aspectos legales y administrativos que requieren una gestión cuidadosa y proactiva para asegurar una transacción sin inconvenientes. Profundicemos en los desafíos específicos y las estrategias para abordarlos de manera efectiva:

1. **Falta de Documentación Adecuada:**

    - *Desafío: La ausencia o insuficiencia de documentos puede poner en peligro la transacción.*

    - *Estrategia: Desde el inicio, asegurarse de contar con escrituras de propiedad actualizadas, certificados de cumplimiento normativo, informes financieros precisos y cualquier otro documento relevante. Colaborar con profesionales legales para verificar y completar la documentación necesaria.*

2. **Disputas de Límites de Propiedad:**

    - *Desafío: La ambigüedad en los límites puede derivar en conflictos legales complicados.*

    - *Estrategia: Anticiparse a posibles disputas realizando un levantamiento topográfico preciso y consultando con especialistas en límites de propiedad. La claridad en este aspecto es esencial para evitar tensiones innecesarias.*

3. **Interpretación Errónea de Cláusulas Contractuales:**

    - *Desafío: Malentendidos en contratos pueden resultar en disputas legales.*

- *Estrategia:* Redactar contratos de manera clara y comprensible, evitando ambigüedades. Contar con la asesoría de profesionales legales para garantizar que todos los términos y condiciones sean transparentes y justos para ambas partes.

4. **Falta de Cumplimiento Normativo y Permisos:**

- *Desafío:* No cumplir con regulaciones puede llevar a problemas legales y administrativos.

- *Estrategia:* Trabajar en estrecha colaboración con autoridades locales y profesionales legales para garantizar que la propiedad cumpla con todas las regulaciones pertinentes. Obtener los permisos necesarios antes de poner la propiedad en venta.

5. **Problemas con la Titularidad de la Propiedad:**

- *Desafío:* Ambigüedades en la titularidad pueden desencadenar incertidumbre y complicaciones legales.

- *Estrategia:* Verificar y confirmar la titularidad de la propiedad mediante búsquedas exhaustivas y consultas con especialistas legales. Solucionar cualquier problema de titularidad antes de proceder con la venta.

6. **Deudas Pendientes y Gravámenes:**

- *Desafío:* Deudas no reveladas pueden impactar negativamente en la transacción.

- *Estrategia:* Realizar una investigación completa de deudas pendientes y gravámenes sobre la propiedad. Resolver cualquier problema antes de listarla en el mercado, asegurando una transacción libre de complicaciones financieras.

7. Inspecciones y Reparaciones Obligatorias:

- *Desafío:* Descuidar inspecciones y reparaciones puede resultar en problemas legales y administrativos.

- *Estrategia:* Cumplir con todas las inspecciones obligatorias y abordar cualquier reparación necesaria antes de ofrecer la propiedad en venta. Esto garantiza que la propiedad cumpla con los estándares y reglamentaciones.

8. Impuestos no Pagados:

- *Desafío:* La existencia de impuestos no pagados puede generar complicaciones financieras y legales.

- *Estrategia:* Verificar y pagar todos los impuestos pendientes antes de la venta. Colaborar con asesores fiscales y profesionales legales para garantizar el cumplimiento impositivo.

9. Incumplimiento de Acuerdos Previos:

- *Desafío:* Problemas derivados de acuerdos no cumplidos en etapas anteriores.

- *Estrategia:* Revisar y cumplir con todos los acuerdos previos relacionados con la propiedad. Abordar cualquier disputa pendiente antes de proceder con la venta.

10. Falta de Asesoría Legal Profesional:

- *Desafío:* No contar con orientación legal especializada puede resultar en decisiones erróneas.

- *Estrategia:* Contratar a profesionales legales con experiencia en transacciones inmobiliarias. Contar con asesoramiento legal especializado garantiza una comprensión completa de los aspectos legales y administrativos, minimizando riesgos y asegurando una transacción sólida.

Al abordar estos desafíos con atención y estrategias específicas, los profesionales inmobiliarios pueden garantizar que el proceso legal y administrativo de la venta de inmuebles se lleve a cabo sin complicaciones.

7. CONSEJOS PRÁCTICOS PARA VENDER RÁPIDAMENTE

En el vertiginoso mundo de la venta de inmuebles, la rapidez puede ser clave para lograr transacciones exitosas. Este capítulo se sumerge en consejos prácticos y estrategias efectivas que van más allá de los aspectos legales y administrativos, centrándose en acciones tangibles que pueden acelerar el proceso de venta; La importancia de vender rápidamente en el mercado inmobiliario contemporáneo no solo radica en la eficiencia del proceso, sino también en la capacidad de capitalizar oportunidades, adaptarse a las dinámicas cambiantes del mercado y satisfacer las necesidades de compradores potenciales.

Exploraremos cómo maximizar la visibilidad de la propiedad, destacar sus características más atractivas y crear una experiencia positiva para los posibles compradores. Además, se abordarán estrategias de precios dinámicas y formas innovadoras de presentar la propiedad en el mercado, todo diseñado para acelerar el ciclo de venta sin comprometer la calidad.

"Actúa rápido, vende rápido, El tiempo es clave."

7.1 Redes de Contactos y Alianzas Estratégicas:

"Fortaleciendo Vínculos para Ventas Exitosas"

En el competitivo mundo inmobiliario, la creación y gestión de redes de contactos sólidas, así como la formación de alianzas estratégicas, se revelan como recursos fundamentales para potenciar la visibilidad de las propiedades y acelerar el proceso de venta.

Construcción de Redes de Contactos:

La extensión y diversificación de tu red de contactos son esenciales para maximizar las oportunidades de venta. Establecer conexiones con agentes inmobiliarios, profesionales del sector, posibles compradores y vendedores, proporciona una plataforma sólida para promover activamente las propiedades en venta.

La participación en eventos locales, ferias inmobiliarias y actividades de networking no solo amplía tu círculo de influencia, sino que también crea oportunidades para mostrar las propiedades a una audiencia interesada. Al formar parte de estas plataformas, puedes destacar las características únicas de los inmuebles y establecer conexiones directas con posibles compradores.

Alianzas Estratégicas:

Colaborar con otros profesionales del sector inmobiliario, como agentes, tasadores, y servicios de fotografía y marketing, puede ser una estrategia poderosa. Al crear alianzas estratégicas, se amplían los recursos disponibles y se aprovechan las habilidades especializadas de cada colaborador para mejorar la presentación y promoción de las propiedades.

La sinergia generada a través de alianzas estratégicas puede traducirse en una visibilidad mejorada en diversos canales. Compartir recursos, como bases de datos de posibles compradores, estrategias de marketing y conocimientos del mercado, se convierte en un activo valioso para acelerar las transacciones.

Además, establecer relaciones sólidas con profesionales financieros, abogados y agentes hipotecarios puede facilitar la gestión eficiente de los aspectos legales y financieros de la transacción, agilizando así el proceso de venta.

Estrategias Efectivas:

- ✓ **Eventos de Networking:** *Participar en eventos de la industria y actividades de networking para construir relaciones directas con profesionales y posibles compradores.*

- ✓ **Colaboraciones de Marketing:** *Desarrollar campañas de marketing conjunto con otros profesionales del sector para maximizar la visibilidad.*

- ✓ **Alianzas con Servicios Complementarios:** *Establecer alianzas con servicios complementarios, como fotógrafos y tasadores, para mejorar la presentación y valoración de las propiedades.*

- ✓ **Integración en Comunidades Inmobiliarias:** *Involucrarse en comunidades inmobiliarias en línea y fuera de línea para compartir conocimientos, experiencias y oportunidades de negocio.*

Al centrarse en la creación y gestión de redes de contactos sólidas y alianzas estratégicas, los profesionales inmobiliarios pueden amplificar la visibilidad de las propiedades y acelerar el proceso de venta, posicionándose de manera efectiva en un mercado dinámico y competitivo.

7.2 Atención al Cliente y Postventa

"Creando Experiencias Memorables"

La atención al cliente y la fase postventa son esenciales en el proceso de venta de inmuebles, marcando la diferencia entre una transacción común y una experiencia inolvidable para el cliente. Exploraremos algunos aspectos cruciales:

Acompañamiento Emocional:

Más allá de la transacción, brindar un acompañamiento emocional es vital. Comprender las expectativas y preocupaciones del cliente permite ofrecer un servicio personalizado y respaldarlos en todo el proceso.

Solución Proactiva de Problemas:

La solución proactiva de problemas va más allá de abordar las preocupaciones evidentes. Anticiparse a posibles obstáculos y resolverlos antes de que se conviertan en problemas reales fortalece la confianza del cliente.

Involucramiento en la Adaptación al Nuevo Hogar:

Después de la venta, el cliente puede enfrentar desafíos en la adaptación al nuevo hogar. Ofrecer recursos, información sobre la comunidad y brindar apoyo durante esta transición contribuye a una experiencia integral.

Programas Exclusivos de Postventa:

Desarrollar programas exclusivos de postventa, como sesiones informativas sobre el mantenimiento del hogar, eventos sociales para la comunidad de compradores y descuentos en servicios postventa, crea un valor adicional para el cliente.

Evaluación Personalizada de la Experiencia:

Realizar evaluaciones o encuestas personalizadas de la experiencia del cliente, buscando su opinión sobre el proceso de venta y áreas de mejora, demuestra un compromiso continuo con la excelencia en el servicio.

Apoyo en Trámites Postventa:

Ofrecer asistencia en trámites postventa, como cambios de nombre en servicios públicos, actualizaciones de dirección y otros aspectos administrativos, alivia la carga del cliente y agrega un toque de servicio excepcional.

Eventos de Networking para Clientes:

Organizar eventos de networking exclusivos para clientes, donde puedan conectarse con otros propietarios en la misma área, facilita la construcción de una comunidad sólida y fortalece la lealtad del cliente.

Información Continua sobre el Mercado:

Proporcionar información continua sobre el mercado inmobiliario local, tendencias y oportunidades de inversión mantiene a los clientes informados y conectados incluso después de la transacción.

Incentivos para Recomendaciones Exitosas:

Establecer programas de incentivos para recomendaciones exitosas, donde los clientes que refieran con éxito a nuevos compradores reciban beneficios adicionales, y así fomenta la participación de la comunidad de clientes.

Gestión de Expectativas a Largo Plazo:

implica establecer un canal de comunicación abierto para abordar cualquier inquietud, cambio en las circunstancias o necesidades futuras del cliente, construyendo relaciones duraderas.

Estos enfoques específicos en atención al cliente y postventa buscan no solo satisfacer, sino superar las expectativas del cliente, creando experiencias memorables que trascienden la mera transacción inmobiliaria.

7.3 Tendencias del Mercado Inmobiliario

"Navegando en el Dinamismo del Sector"

Entender y adaptarse a las tendencias del mercado inmobiliario es esencial para aquellos involucrados en la venta de propiedades. Este segmento explorará las tendencias más recientes que están dando forma al sector, proporcionando una visión valiosa para maximizar las oportunidades y enfrentar los desafíos.

Digitalización del Proceso de Compra:

La era digital ha transformado la forma en que los compradores buscan y adquieren propiedades. La digitalización del proceso de compra, desde la búsqueda en línea hasta la firma electrónica de contratos, ha ganado prominencia, exigiendo a los vendedores una presencia fuerte en plataformas en línea.

Sostenibilidad y Eficiencia Energética:

Las preocupaciones ambientales han impulsado la demanda de propiedades sostenibles y energéticamente eficientes. Vendedores que destacan las características ecológicas de las propiedades pueden atraer a un segmento creciente de compradores conscientes del medio ambiente.

Flexibilidad en el Trabajo y Espacios Dedicados:

La tendencia hacia el trabajo remoto ha generado un interés creciente en propiedades que ofrecen flexibilidad en el diseño de espacios para trabajo en casa. Resaltar áreas destinadas a oficinas en el hogar puede ser un punto clave de venta.

Realidad Virtual y Recorridos Virtuales:

La incorporación de tecnologías como la realidad virtual y recorridos virtuales ha revolucionado la presentación de propiedades. Ofrecer experiencias inmersivas en línea permite a los posibles compradores explorar los inmuebles desde la comodidad de sus hogares.

Innovaciones en Financiamiento:

Nuevas opciones de financiamiento, como programas hipotecarios innovadores o acuerdos flexibles de pago, están ganando popularidad. Mantenerse informado sobre estas innovaciones puede ampliar las posibilidades de venta.

Enfoque en Comunidades Planeadas:

Las comunidades planeadas, que ofrecen una variedad de servicios y comodidades integradas, han captado la atención de los compradores. Destacar propiedades en entornos comunitarios bien planificados puede ser un diferenciador clave.

Seguridad Residencial y Tecnología Smart Home:

La seguridad residencial y la incorporación de tecnologías de hogar inteligente son cada vez más importantes para los compradores. Resaltar sistemas de seguridad y características inteligentes puede aumentar el atractivo de una propiedad.

Impacto de la Pandemia en Preferencias de Ubicación:

La pandemia ha influido en las preferencias de ubicación, con un aumento en la demanda de propiedades en suburbios y áreas menos densamente pobladas. Adaptarse a estos cambios puede ser crucial para satisfacer las necesidades cambiantes del mercado.

Evolución de Estilos Arquitectónicos:

Las preferencias de estilos arquitectónicos también evolucionan con el tiempo. Mantenerse actualizado sobre las tendencias de diseño y arquitectura puede hacer que una propiedad sea más atractiva para los compradores modernos.

Participación Activa en Redes Sociales:

Las redes sociales juegan un papel importante en la promoción de propiedades. La participación activa en plataformas como Instagram, Facebook, LinkedIn entre otras, puede amplificar la visibilidad de las propiedades y atraer a una audiencia más amplia.

Entender y adaptarse a estas tendencias del mercado inmobiliario no solo permite a los vendedores mantenerse relevantes, sino también capitalizar las oportunidades emergentes y ofrecer propiedades que resuenen con las preferencias cambiantes de los compradores.

"El mercado se transforma, tu éxito se adapta. Aprovecha las tendencias, lidera el juego."

7.4 Casos Prácticos y Decisiones Éticas en el Negocio

"Éxito ético, el camino más valioso a un legado de confianza y prosperidad."

Los profesionales se enfrentan a situaciones diversas que requieren no solo habilidades comerciales, sino también una sólida base ética. Analicemos algunos casos prácticos y exploraremos las decisiones éticas que los agentes inmobiliarios podrían enfrentar en su carrera:

1. **Conflicto de Intereses: Representar a Comprador y Vendedor:**

   - *Situación:* Ser contratado para representar tanto al comprador como al vendedor en una transacción.
   - *Decisión Ética:* Evaluar la capacidad de manejar el conflicto de intereses de manera imparcial y transparente.
   - **¿Cómo es posible hacerlo sin perjudicar a ninguna de las partes?:**

     ✓ *Comunicar abiertamente a ambas partes la situación.*
     ✓ *Explicar los roles y responsabilidades en el proceso de representación dual.*
     ✓ *Garantizar que ambas partes comprendan los posibles conflictos y cómo se abordarán.*
     ✓ *Obtener el consentimiento informado por escrito de ambas partes.*
     ✓ *Detallar claramente los términos de la representación dual, incluyendo posibles conflictos de intereses.*
     ✓ *Asegurarse de que ambas partes estén de acuerdo con la situación antes de proceder.*
     ✓ *Tratar a ambas partes con equidad y justicia.*
     ✓ *Evitar la preferencia hacia una parte en detrimento*

de la otra.

✓ *Tomar medidas para garantizar que todas las decisiones sean imparciales y beneficiosas para ambas partes.*

✓ *Recomendar a ambas partes buscar asesoramiento legal independiente.*

✓ *Proporcionar información sobre los riesgos y beneficios de la representación dual.*

✓ *Fomentar que ambas partes consulten con abogados para comprender plenamente sus derechos y responsabilidades.*

✓ *Mantener un registro claro y detallado de todas las decisiones tomadas durante la transacción.*

✓ *Documentar cualquier comunicación relevante con ambas partes.*

✓ *Disponer de registros escritos puede ser útil en caso de futuros desacuerdos o disputas.*

2. Divulgación de Información sobre Defectos Ocultos:

- **Situación:** Descubrir defectos ocultos en una propiedad que no son conocidos por el vendedor.

- **Decisión Ética:** Determinar la mejor manera de divulgar esta información, equilibrando la honestidad con la necesidad de cerrar la transacción.

- **¿Cómo se puede abordar esta situación sin comprometer la relación con el cliente?:**

   ✓ *Prepara un mensaje claro y conciso que explique el defecto.*

   ✓ *Evita el lenguaje técnico complicado y utiliza un tono que sea informativo, pero no alarmante.*

   ✓ *Proporciona detalles sobre cómo se descubrió el problema y qué medidas se están tomando para abordarlo.*

   ✓ *proporciona alternativas o compensaciones para mitigar cualquier inconveniente, podría incluir descuentos, reparaciones gratuitas o mejoras adicionales.*

✓ *Proporcionar la información por escrito permite al cliente revisarla en su propio tiempo.*

✓ *Anima al cliente a hacer preguntas y expresar cualquier preocupación que puedan tener.*

3. Publicidad Engañosa: Descripción Exagerada de una Propiedad:

- *Situación:* Crear una descripción exagerada de una propiedad para atraer más compradores.

- *Decisión Ética:* Considerar la línea entre la promoción efectiva y la publicidad engañosa.

- **¿Cómo se puede destacar las características sin cruzar la barrera de la honestidad?:**

  ✓ *Destaca las características y aspectos positivos de la propiedad*

  ✓ *Emplea descripciones precisas y específicas que reflejen con exactitud las características de la propiedad.*

  ✓ *Evita términos exagerados o superlativos que puedan interpretarse como engañosos.*

  ✓ *Proporciona detalles sobre las características de la propiedad, pero hazlo dentro de un contexto realista.*

  ✓ *Utiliza fotografías auténticas y evita la manipulación excesiva.*

  ✓ *Enfócate en características que puedan ser verificadas fácilmente.*

  ✓ *Las experiencias de otros pueden brindar validación y credibilidad. (agrega testimonios).*

  ✓ *Proporciona la opción de visitas virtuales o tours en persona.*

4. Acceso a Información Confidencial:

- *Situación:* Acceder a información confidencial de un cliente durante una transacción.

- **_Decisión Ética:_** Respetar la privacidad del cliente y utilizar la información de manera ética y responsable.
- **¿Cómo se puede garantizar que la información confidencial se maneje con la debida precaución?:**

  ✓ _Establece políticas internas claras que delineen la importancia de la confidencialidad en el manejo de la información._

  ✓ _Mantén al equipo actualizado sobre las mejores prácticas y cualquier cambio en las políticas relacionadas con la privacidad._

  ✓ _Otorga acceso a la información confidencial solo a aquellos miembros del equipo que necesiten conocerla._

  ✓ _Implementa medidas de seguridad informática robustas, como contraseñas seguras, sistemas de encriptación y autenticación de dos factores._

  ✓ _Considera la posibilidad de obtener acuerdos de confidencialidad firmados por las partes involucradas._

5. **Discriminación en la Selección de Clientes:**

- **_Situación:_** Seleccionar clientes basándose en características personales.
- **_Decisión Ética:_** Rechazar la discriminación y tratar a todos los clientes con justicia y equidad.
- **¿Cómo se pueden evitar prejuicios y asegurar una selección basada en criterios objetivos?**

  ✓ _Establecer criterios de selección directamente vinculados a capacidades financieras y requisitos específicos._

  ✓ _Evitar incluir criterios subjetivos o personales que puedan resultar en prejuicios._

  ✓ _Considerar la colaboración con expertos en diversidad para obtener asesoramiento específico._

✓ Buscar orientación sobre prácticas que promuevan la equidad.

✓ Registrar de manera detallada y transparente las decisiones de selección de clientes.

✓ Incluir los criterios utilizados y la información respaldatoria.

✓ Fomentar un ambiente donde los clientes puedan proporcionar retroalimentación.

✓ Responder proactivamente a quejas y tomar medidas correctivas según sea necesario.

6. Resolución de Conflictos entre Compradores y Vendedores:

- **Situación:** Enfrentar disputas entre compradores y vendedores durante una transacción.

- **Decisión Ética:** Actuar como mediador imparcial, buscando soluciones justas y equitativas.

- **¿Cómo se puede resolver la disputa de manera que beneficie a ambas partes y mantenga la integridad del agente?:**

✓ Fomentar la comunicación abierta y honesta entre ambas partes.

✓ Establecer un canal para que expresen sus preocupaciones y expectativas.

✓ Analizar detenidamente la documentación del acuerdo inicial.

✓ Identificar cláusulas y términos que puedan proporcionar soluciones o compromisos.

✓ Buscar opciones que aborden las necesidades de ambas partes de manera equitativa.

✓ Guiar la negociación de manera que ambas partes sientan que sus intereses son considerados.

✓ Brindar a ambas partes tiempo y espacio para reflexionar y considerar posibles soluciones.

✓ Recomendar a las partes obtener asesoramiento legal independiente si es necesario.

✓ *Documentar cualquier acuerdo alcanzado de manera clara y detallada.*
✓ *Ofrecer apoyo continuo para fortalecer la relación con los clientes.*

7.5 Estrategias de Follow-Up Automatizado

"Automatiza el camino hacia el triunfo inmobiliario: cada seguimiento cuenta."

El seguimiento es esencial en el mundo inmobiliario, y la automatización del seguimiento puede ser un recurso invaluable. Implementar estrategias de follow-up automatizado no solo ahorra tiempo, sino que también mejora la eficiencia y aumenta las posibilidades de cerrar acuerdos exitosos. Aquí, exploraremos algunas tácticas efectivas para optimizar tus procesos de seguimiento automatizado:

1. **Segmentación Inteligente:**
    *   Divide tu base de datos en segmentos específicos según criterios como ubicación, tipo de propiedad o historial de interacción. Personaliza tus mensajes de seguimiento para adaptarse a cada segmento, mejorando la relevancia y la efectividad.

2. **Respuestas Automáticas Personalizadas:**
    *   Implementa respuestas automáticas personalizadas para consultas frecuentes. Esto agiliza la comunicación inicial y demuestra un compromiso rápido, estableciendo una base sólida para futuras interacciones.

3. **Contenido Relevante y Periódico:**
    *   Programa envíos automáticos de contenido relevante, como actualizaciones del mercado, consejos de inversión o testimonios de clientes. Mantén a tus contactos comprometidos y proporciona valor constante.

4. **Recordatorios de Eventos y Fechas Importantes:**
   - Configura recordatorios automáticos para fechas clave, como aniversarios de clientes, fechas de cierre anticipadas o eventos locales relevantes. Este enfoque personalizado fortalece las relaciones y muestra un interés genuino.

5. **Encuestas y Retroalimentación Automatizadas:**
   - Utiliza encuestas automatizadas para recopilar información y retroalimentación. Esto te proporcionará percepciones valiosas sobre la satisfacción del cliente y áreas de mejora.

6. **Ofertas y Promociones Exclusivas:**
   - Crea campañas automáticas que ofrezcan ofertas exclusivas o promociones a segmentos específicos de tu audiencia. Esto no solo genera interés, sino que también puede impulsar decisiones de compra.

7. **Análisis de Datos y Ajustes Continuos:**
   - Implementa herramientas de análisis para evaluar el rendimiento de tus estrategias de follow-up. Realiza ajustes según los resultados para garantizar una optimización constante.

Recuerda, la clave está en la personalización y la consistencia. Una estrategia de follow-up bien ejecutada puede marcar la diferencia entre una transacción exitosa y perder una oportunidad. Automatiza con inteligencia y mantén relaciones sólidas con tus clientes a lo largo del tiempo.

7.6 Tendencias Futuras en Tecnología

"La tecnología no solo es el motor del cambio, sino la llave que abre las puertas del progreso."

A medida que el sector inmobiliario evoluciona, las tendencias tecnológicas emergentes están desempeñando un papel crucial en la transformación de la industria. Vamos a profundizar en estas tendencias futuras y explorar cómo están dando forma al panorama inmobiliario:

1. **Realidad Virtual (RV) y Realidad Aumentada (RA):**

   La adopción de la RV y la RA ha ido más allá de las simples visitas virtuales a propiedades. Ahora, los desarrolladores utilizan estas tecnologías para ofrecer experiencias inmersivas, donde los compradores pueden personalizar y visualizar cada detalle de su futura vivienda antes de la construcción. Esto no solo agiliza las decisiones de compra, sino que también mejora la satisfacción del cliente.

2. **Inteligencia Artificial (IA) en la Búsqueda de Propiedades:**

   La IA ha avanzado en la personalización de las recomendaciones de propiedades. Utilizando algoritmos de aprendizaje profundo, los sistemas pueden comprender las preferencias de los compradores de manera más precisa, considerando factores emocionales y estilos de vida. Esto no solo facilita la búsqueda, sino que también crea experiencias de compra más significativas.

3. Contratos Inteligentes con Tecnología Blockchain:

La implementación de contratos inteligentes basados en blockchain ha simplificado significativamente los procesos de transacción. Desde la oferta hasta el cierre, cada paso se registra de forma segura y transparente en la cadena de bloques. Esto no solo reduce los tiempos de espera, sino que también garantiza la integridad de la transacción.

4. Plataformas de Crowdfunding Inmobiliario:

Las plataformas de crowdfunding han madurado, permitiendo a los inversionistas acceder a una variedad de proyectos inmobiliarios, desde desarrollos residenciales hasta comerciales. Esto ha democratizado la inversión inmobiliaria, brindando oportunidades a inversores individuales que anteriormente podrían haberse visto excluidos.

5. Automatización en la Gestión de Propiedades:

La automatización no se limita a la seguridad y el mantenimiento, sino que se extiende a la gestión operativa diaria. Los sistemas de gestión inteligente utilizan datos en tiempo real para optimizar la eficiencia energética, programar mantenimientos predictivos y ofrecer informes detallados sobre el rendimiento general de la propiedad.

6. Big Data para Análisis de Mercado:

El análisis de datos ha evolucionado hacia una comprensión más profunda del mercado. Los modelos predictivos, impulsados por el big data, permiten a los agentes inmobiliarios anticipar tendencias, evaluar la demanda y adaptarse de manera proactiva a las dinámicas cambiantes del mercado.

7. **Asistentes Virtuales y Chatbots Personalizados:**

Los asistentes virtuales se han vuelto más sofisticados, brindando respuestas contextuales y asesoramiento personalizado. Además, los chatbots juegan un papel esencial en la atención al cliente, proporcionando información instantánea y facilitando la comunicación entre compradores, vendedores y agentes.

8. **Sostenibilidad y Tecnologías Verdes:**

La tecnología está impulsando la adopción de soluciones sostenibles, desde la integración de materiales ecoamigables hasta la implementación de sistemas inteligentes de gestión de energía. Esto no solo responde a las demandas del mercado consciente del medio ambiente, sino que también reduce los costos operativos a largo plazo.

9. **Seguridad Biométrica en Transacciones:**

La seguridad biométrica se ha convertido en una parte integral de las transacciones inmobiliarias. La verificación facial y otras medidas biométricas garantizan la autenticidad de las partes involucradas, mitigando riesgos y fortaleciendo la confianza en las transacciones.

10. **Realidad Digital y Gemelos Digitales:**

Los gemelos digitales no solo son representaciones visuales precisas de las propiedades, sino que también se utilizan para la gestión y el mantenimiento eficientes. La realidad digital permite a los profesionales del sector realizar simulaciones y análisis detallados, optimizando cada etapa del ciclo de vida de la propiedad.

Estas tendencias tecnológicas están marcando el camino hacia un sector inmobiliario más eficiente, innovador y centrado en el cliente. La adopción continua de estas tecnologías promete un futuro emocionante y lleno de posibilidades para profesionales y consumidores por igual.

Al profundizar en estos casos prácticos, los profesionales inmobiliarios pueden fortalecer su enfoque ético y desarrollar la capacidad de tomar decisiones informadas que respeten los principios éticos fundamentales del negocio.

"Casos prácticos, decisiones éticas: el sendero hacia el respeto y el logro en bienes raíces."

8. RESUMEN

En el vibrante cierre de nuestro viaje inmobiliario, el capítulo de resumen se erige como el faro que ilumina el camino hacia el éxito. Este compendio esencial destaca las claves maestras para triunfar en el dinámico y competitivo mercado inmobiliario. Desde la aguda perspicacia en las tendencias del mercado hasta la meticulosa atención al cliente, este resumen condensa la preparación estratégica, la evitación de errores comunes y la adaptación continua a las dinámicas del mercado. Construir una reputación sólida y adoptar tecnologías de manera inteligente emergen como estrategias esenciales para consolidarse como un agente destacado en el sector inmobiliario

"Cada experiencia inmobiliaria es una lección, y nos guía hacia nuevos horizontes y logros."

8.1 Principales Puntos a Recordar

"Síntesis del Éxito Inmobiliario"

Este apartado resume los puntos cruciales extraídos de los capítulos previos, consolidando las estrategias y conocimientos esenciales para sobresalir en el negocio inmobiliario:

1. **Comprensión del Mercado:**

   - *Mantén una comprensión constante de las tendencias del mercado.*

   - *Utiliza datos y análisis para respaldar decisiones fundamentadas.*

2. **Preparación Estratégica:**

   - *Fija precios de manera estratégica, considerando tanto el mercado como las mejoras realizadas en la propiedad.*

   - *Presenta las propiedades destacando sus atributos únicos de manera efectiva.*

3. **Atención al Cliente:**

   - *Proporciona un servicio personalizado, superando las expectativas del cliente.*

   - *Construye relaciones sólidas para fomentar recomendaciones y lealtad a largo plazo.*

4. **Adaptación a Tendencias:**

   - *Abraza tecnologías emergentes para mejorar la visibilidad y presentación de propiedades.*

- *Ajusta estrategias según las cambiantes preferencias del mercado.*

5. Evitar Errores Comunes:

- *Aprende de errores pasados y evita trampas comunes durante el proceso de venta.*

- *Adopta un enfoque proactivo para corregir posibles obstáculos.*

6. Construcción de Reputación:

- *Prioriza la transparencia y la calidad en todas las transacciones.*

- *Establece una reputación sólida como un profesional confiable y ético.*

7. Adopción de Tecnologías:

- *Integra herramientas digitales para presentaciones virtuales y estrategias de marketing online.*

- *Utiliza plataformas en línea para amplificar la visibilidad y alcance de las propiedades.*

Estos consejos encapsulan las lecciones clave de este libro, proporcionando una guía práctica para alcanzar el éxito en el negocio inmobiliario.

8.2 Ejemplos Prácticos en el Mundo Inmobiliario

"Cada propiedad tiene una historia; tu tarea es narrarla con éxito."

sumerjámonos en situaciones del mundo real para ilustrar cómo aplicar los conceptos discutidos a lo largo del libro. Estos ejemplos prácticos ofrecen una visión concreta de cómo enfrentar desafíos comunes y aprovechar oportunidades en el campo inmobiliario.

1. Estrategias de Precio Efectivas:

Imaginemos una situación en la que el mercado inmobiliario local está experimentando una alta demanda. Un ejemplo práctico sería ajustar estratégicamente el precio de una propiedad ligeramente por encima del valor de mercado debido a la escasez de oferta. Este enfoque puede generar competencia entre compradores y resultar en una venta por encima del precio inicial.

2. Uso Innovador de Plataformas Online:

Consideremos el caso de un agente inmobiliario que utiliza activamente las redes sociales para promover propiedades. Publicar recorridos virtuales, testimonios de clientes satisfechos y contenido informativo sobre el mercado local. Esta estrategia online no solo atrae a posibles compradores, sino que también fortalece la presencia digital del agente.

3. Técnicas de Negociación Exitosas:

Supongamos que un comprador expresa inquietudes sobre el estado de una propiedad. Un agente hábil podría utilizar técnicas de negociación para abordar estas preocupaciones, quizás ofreciendo una inspección adicional financiada por el vendedor. Esta acción demuestra flexibilidad y mejora la percepción del comprador.

4. Marketing Offline Innovador:

Imaginemos un evento de puertas abiertas en colaboración con una tienda local de decoración. Este enfoque crea sinergias entre sectores, atrayendo a posibles compradores que buscan no solo una casa, sino también inspiración para decorarla.

5. Integración de Tecnologías Emergentes:

Visualicemos el uso de la realidad virtual para mostrar propiedades a compradores internacionales. Un agente inmobiliario podría crear experiencias virtuales detalladas, permitiendo a los compradores explorar propiedades desde la comodidad de sus hogares, eliminando las barreras geográficas.

6. Gestión Efectiva de Problemas Legales:

Consideremos una transacción donde surge una disputa sobre los límites de la propiedad. Un agente proactivo podría intervenir, facilitar la comunicación entre las partes y, si es necesario, involucrar a un profesional de bienes raíces para realizar una nueva delimitación, evitando así litigios innecesarios.

7. Estrategias de Desarrollo Profesional:

Imaginemos a un agente que, consciente de las tendencias del mercado, invierte tiempo y recursos en cursos especializados en sostenibilidad y energía eficiente. Esta capacitación adicional no solo agrega valor a sus servicios, sino que también atrae a clientes preocupados por el impacto ambiental.

9. TÉRMINOS Y GLOSARIO

En el intrincado laberinto del negocio inmobiliario, este capítulo se erige como una guía lingüística imprescindible. Más allá de ser un simple glosario, es una herramienta invaluable que proporciona definiciones claras y accesibles para el complejo vocabulario que caracteriza este fascinante mundo. Independientemente de tu experiencia, ya sea que estés dando tus primeros pasos o seas un veterano experimentado, este recurso actúa como una brújula lingüística, asegurando que cada término, desde contratos hasta conceptos legales, sea comprendido con precisión y confianza. Sumérgete en estas definiciones, diseñadas para desentrañar el lenguaje específico, facilitando la navegación a través de las complejidades del mercado inmobiliario.

"En el vasto léxico del mercado inmobiliario, cada término es una llave que abre nuevas oportunidades."

9.1 Términos Comunes en el Negocio Inmobiliario

1. **Listado Exclusivo:**
   - Contrato entre un vendedor y un agente que confiere exclusividad en la venta de una propiedad.

2. **Tasación:**
   - Estimación del valor de mercado de una propiedad realizada por un tasador profesional.

3. **Deuda Hipotecaria:**
   - Cantidad de dinero que un propietario debe a la entidad hipotecaria.

4. **CLA (Cláusula de Liberación de la Agencia):**
   - Permite la terminación de la relación entre un vendedor y su agente.

5. **Preaprobación Hipotecaria:**
   - Evaluación previa de un prestamista sobre la capacidad del comprador para obtener un préstamo hipotecario.

6. **Fideicomiso:**
   - Acuerdo legal en el que una persona (fiduciario) controla la propiedad en beneficio de otra.

7. **Plusvalía:**
   - Incremento en el valor de una propiedad debido a factores como mejoras o desarrollo en la zona.

8. **Contingencia:**
   - Condición específica que debe cumplirse para que un contrato sea legalmente vinculante.

9. **Depósito en Garantía:**
   - Suma de dinero depositada por el comprador como muestra de buena fe al realizar una oferta.

10. **CLAUS (Cláusula de Liberación del Agente de Compra):**
    - Similar a la CLA pero para agentes de compra.

11. **Bienes Raíces Comerciales:**
    - Propiedades utilizadas con fines comerciales o de inversión.

12. **Arrendamiento con Opción de Compra:**
    - Acuerdo que permite al inquilino comprar la propiedad después de un período de alquiler.

13. **Inversión Inmobiliaria:**
    - Adquisición de propiedades con el objetivo de obtener beneficios financieros a través de la apreciación del valor o ingresos de alquiler.

14. **Declaración de Cierre (HUD-1):**
    - Documento detallado que enumera los costos y ajustes financieros en el cierre de una transacción inmobiliaria.

15. **Agente de Bienes Raíces:**
    - Profesional autorizado para negociar y realizar transacciones inmobiliarias en nombre de compradores y vendedores.

16. **Oferta Competitiva:**
    - Una propuesta de compra que se presenta cuando varios compradores están interesados en la misma propiedad.

17. **Evaluación de Riesgos Ambientales:**
    - Análisis que identifica posibles riesgos ambientales asociados con una propiedad.

18. **Financiamiento Convencional:**
    - Préstamo hipotecario que no está respaldado ni asegurado por una agencia gubernamental.

19. Cierre Simultáneo:
- Proceso en el cual la compra y venta de propiedades se completan simultáneamente.

20. Zonificación:
- Designación de áreas para usos específicos, regulada por autoridades locales.

21. Depreciación:
- Disminución del valor de una propiedad debido al desgaste o cambios en el mercado.

22. Estudio de Título:
- Investigación exhaustiva del historial de propiedad de una parcela de tierra.

23. Mantenimiento Preventivo:
- Prácticas regulares destinadas a preservar la condición de una propiedad y prevenir daños.

24. Arquitecto Paisajista:
- Profesional que diseña y planifica áreas exteriores, como jardines y paisajes.

25. Análisis de Flujo de Efectivo:
- Evaluación de los ingresos y gastos relacionados con una propiedad de inversión.

26. Derecho de Retención:
- Derecho legal de un prestamista a retener la propiedad en caso de incumplimiento del préstamo.

27. Hipoteca a Tasa Fija:
- Préstamo hipotecario con una tasa de interés constante durante toda la vida del préstamo.

28. Fideicomiso Testamentario:
- Tipo de fideicomiso que entra en vigor después de la muerte del fideicomitente.

29. Avalúo de Propiedades Comerciales:
- Evaluación del valor de propiedades utilizadas con fines comerciales.

30. Agente de Bienes Raíces Exclusivo del Comprador:
- Profesional que representa exclusivamente a compradores en transacciones inmobiliarias.

31. Avalúo Comparativo de Mercado (ACM):
- Método de evaluación que compara propiedades similares para determinar el valor de mercado.

32. Garantía Hipotecaria:
- Propiedad ofrecida como seguridad para respaldar un préstamo hipotecario.

33. Fideicomiso Irrevocable:
- Tipo de fideicomiso que no puede ser modificado ni revocado sin el consentimiento de los beneficiarios.

34. Ingreso Bruto de Alquiler:
- Total de ingresos generados por una propiedad de alquiler antes de deducciones.

35. Asesor Inmobiliario:
- Profesional con experiencia que brinda asesoramiento y orientación en transacciones inmobiliarias.

36. Hipoteca con Tasa Ajustable (ARM):
- Préstamo hipotecario con una tasa de interés que puede variar según las condiciones del mercado.

37. Propiedad Adjudicada:
- Propiedad que ha sido recuperada por el prestamista después de un proceso de ejecución hipotecaria.

38. Compromiso Hipotecario:

- Promesa formal de un prestamista de otorgar un préstamo hipotecario bajo condiciones específicas.

39. Póliza de Seguro de Título:

- Seguro que protege al propietario contra pérdidas financieras debido a problemas con el título de la propiedad.

40. Agente Inmobiliario Independiente:

- Profesional que trabaja de manera autónoma sin estar afiliado a una agencia específica.

41. Derechos de Agua:

- Derechos legales para utilizar el agua de un cuerpo de agua cercano en la propiedad.

42. Desgravación Fiscal:

- Beneficio tributario que permite deducciones para propietarios de viviendas en ciertos gastos.

43. Hipoteca Inversa:

- Préstamo que permite a propietarios mayores convertir el valor acumulado de su vivienda en efectivo.

44. Alícuota de Mantenimiento:

- Pagos periódicos realizados por propietarios de condominios para cubrir los gastos de mantenimiento común.

45. Amortización:

- Proceso de pago gradual de un préstamo a través de pagos periódicos que cubren tanto principal como intereses.

46. Valor Presente Neto (VPN):

- Método de valoración que compara el valor presente de los flujos de efectivo futuros con la inversión inicial.

47. Inversión Tokenizada:
- Representación digital de la propiedad como tokens que permiten la participación fraccionada en la propiedad mediante blockchain

48. Crowdfunding:
- Método de financiamiento que reúne a un grupo de inversores para contribuir con pequeñas cantidades de dinero y financiar proyectos inmobiliarios

49. Tecnología Blockchain
- Es un sistema descentralizado de registro de información que utiliza bloques de datos encadenados de forma segura y transparente.

Este resumen de términos comunes proporciona una referencia rápida para aquellos inmersos en el negocio inmobiliario, facilitando la comprensión de conceptos clave en transacciones y contratos.

"ABRAZA TU ÉXITO INMOBILIARIO: ¡HASTA LA PRÓXIMA VICTORIA!"

Querido lector,

Recuerda que tu viaje en el mundo inmobiliario es una travesía única, llena de desafíos y oportunidades. Cada página de este libro ha sido un paso hacia el conocimiento, la destreza y el éxito. No olvides que las llaves de tus logros están en tus manos; el mercado inmobiliario es un lienzo en blanco, y tú eres el arquitecto de tu propio destino.

Haz de cada transacción una obra maestra, aprende de cada desafío y abraza cada oportunidad como un trampolín hacia tus sueños. El negocio inmobiliario es más que propiedades; es sobre personas, conexiones y la creación de hogares.

Camina con confianza, mantén tu ética y profesionalismo en alto, y nunca subestimes el poder de tu pasión. Que cada cierre sea una puerta que se abre a un nuevo comienzo, y cada despedida, una bienvenida a un futuro más brillante.

Recuerda, tu éxito no es un destino, sino un viaje continuo. ¡Adelante, agente del cambio inmobiliario, el mundo está esperando tu próxima gran historia!

En cada transición, surge la oportunidad de reinventarnos. Cada proyecto completado no es solo un logro, sino el trampolín que nos impulsa hacia nuevas alturas.

Construyamos sobre los éxitos pasados, utilizándolos como cimientos sólidos para erigir futuras maravillas inmobiliarias. Cada paso es un avance hacia un mañana lleno de posibilidades. ¡A construir el futuro con la misma pasión y determinación que nos ha llevado hasta aquí!

Con gratitud y motivación,

W. Puentes P.
12/01/2024.

BIOGRAFÍAS

1. **Gary Keller:**
   - Coautor de "The Millionaire Real Estate Investor" (2005). Keller, fundador de Keller Williams Realty, comparte su sabiduría sobre la inversión inmobiliaria basada en su experiencia y éxito empresarial.

2. **Brandon Turner:**
   - Autor de "The Book on Rental Property Investing" (2015). Turner, inversionista activo, proporciona estrategias detalladas para aquellos interesados en la propiedad de alquiler.

3. **Julie Broad:**
   - Autora de "More Than Cashflow" (2013). Broad comparte su experiencia personal en el mundo de la inversión inmobiliaria y ofrece consejos valiosos para construir riqueza.

4. **John Schaub:**
   - Autor de "Building Wealth One House at a Time" (2005). Schaub, un experimentado inversor, comparte lecciones prácticas y estrategias para construir riqueza a través de la propiedad.

5. **David Greene:**
   - Autor de "Long-Distance Real Estate Investing" (2018). Greene explora estrategias para invertir en bienes raíces fuera de tu área local, brindando perspectivas útiles para los inversores.

6. **Chris Clothier:**
   - Coautor de "The Turnkey Revolution" (2018). Clothier aborda la estrategia de inversión en propiedades llave en mano y cómo puede simplificar la participación en bienes raíces.

7. **Robert Kiyosaki:**
   - Autor de "Padre Rico, Padre Pobre" (1997). Kiyosaki ha influido en generaciones de lectores con sus perspectivas sobre la inversión y la importancia de los bienes raíces.

"Cada propiedad es un lienzo en blanco. Pinta un cuadro de éxito."

W. Puentes P.

Gracias por tu lectura de este libro.